AMIS DES ARTS
CAMBRAI
= 1928 =

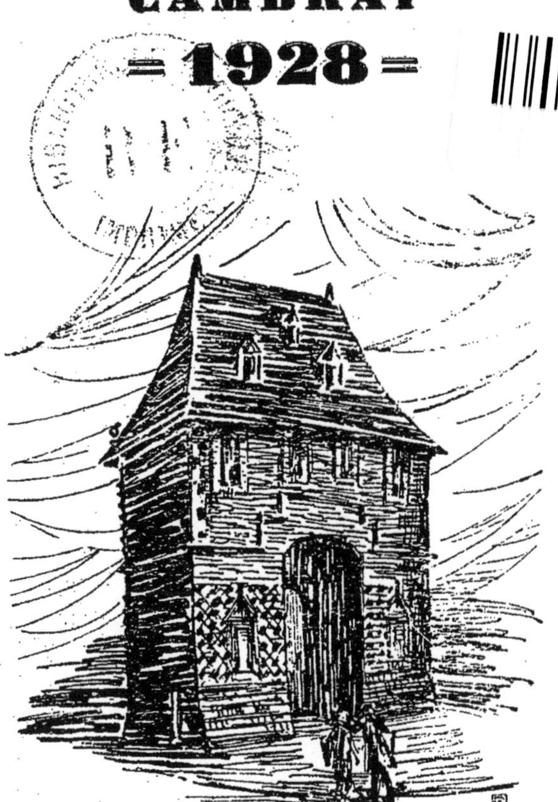

2ᵐᵉ Exposition
Annuelle

—— MAIL SAINT-MARTIN ——
15 Janvier — 15 Février

Prix : 2 Francs

AMIS DES ARTS
CAMBRAI
= 1928 =

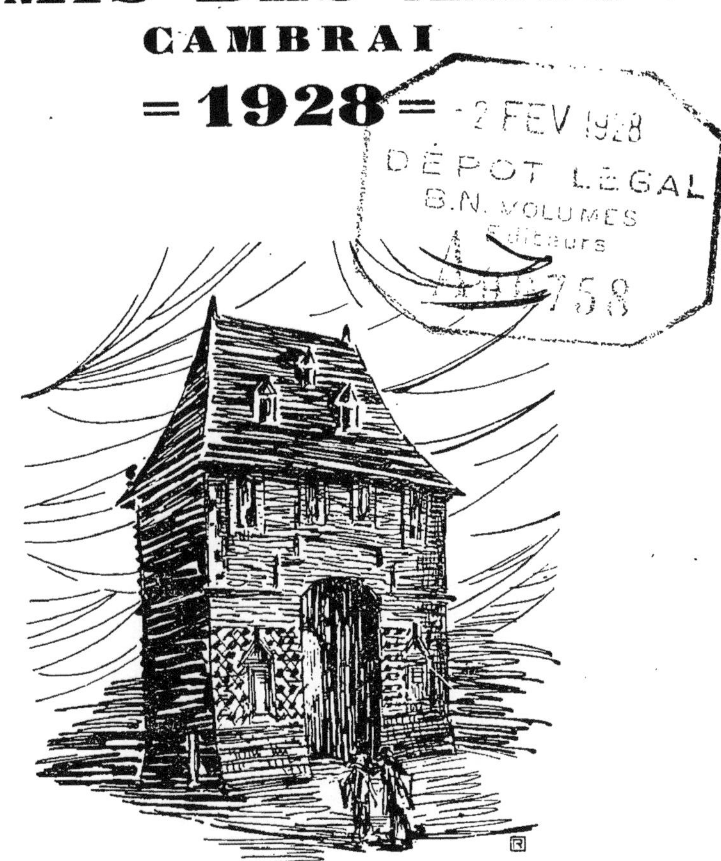

2me Exposition Annuelle

Rétrospective des Œuvres du Statuaire E.-Jh. CARLIER

Extraits des Statuts

ARTICLE II

La Société a bour but :

D'entretenir et de développer le sentiment du Beau chez nos compatriotes par tous les moyens possibles : *EXPOSITIONS, CONFÉRENCES, CONCOURS, REPRÉSENTATIONS ARTISTIQUES*, etc.

ARTICLE IV

La Société comprend:

Des Membrés actifs ;

Des Membres honoraires ;

Des Membres à vie ;

Des Membres bienfaiteurs.

Les Membres actifs et les Membres honoraires paient une cotisation annuelle de 20 francs.

Les cotisations courent du 1ᵉʳ Janvier au 31 Décembre quelle que soit la date d'entrée dans la Société.

Les Membres à vie versent une cotisation unique de 300 francs.

Les Membres bienfaiteurs versent une cotisation unique de 500 francs au minimum.

DÉCISION DU COMITÉ POUR L'EXPOSITION 1928

Il sera réparti entre tous les Membres de la Société et par voie de tirage au sort un certain nombre d'œuvres d'art offertes par les exposants.

Commission Administrative
pour 1927-1928

Le Président :

A. GILBERT ✳, Président de la Chambre de Commerce.

Les Vice-Présidents :

G. MARONIEZ ✳, Artiste Peintre H. C., Conservateur du Musée.

P. LEPRINCE-RINGUET ✳, Architecte, Grand Prix de Rome.

Les Membres du Comité :

MM. A VOITURIEZ ✳, Président de la Société d'Emulation,
D' Ch. DANCOURT ✿ A. Président du Comité d'Initiative,

Mᵐᵉˢ Régina CARRÉ, Jean CORNAILLE, Hélène DEPOUTRE, E. PARENT-VAILLANT ✿ A.

MM. Gabriel DELMOTTE, Paul DÉSORMAIS ✿ A., Alexandre DUPAS, Georges FENOUILLET, Ernest GAILLARD, Architecte, F. DE PAEMELAERE, ✿ I., Inspecteur de l'Enseignement Primaire.

PRÉFACE

Evohé ! Evohé ! Evohé !
Re v'là les Artisses.
Feutres en bataille
Et barbes provocatrices
Et toute taille cambrés
Re vl'à les artisses.

Chez l'épicier du coin
— Le dernier salon où l'on cause —
Madame Trukebé a le crachoir en mains.
Cependant que sur la route
Défilent les croûtes,
Sa glose
N'est pas glose à la mie de pain.
... Oh. Ce n'est pas qu'elle médise :
— Le succès, l'an dernier, l'a quelque peu assise. —
Elle ne médit point, Madame,
La chère Ame,
Elle ne médit pas, Madame : « *Elle expertise* » !
A Cambrai, hiver comme été,
La Bêtise est très bien portée.

Les tableaux défilent
Sa parole file... file... file
Ce n'est pas une quenouille
On dirait appareil à fabriquer la Nouille...

Elle dit : « Celui-là, c'est
            « Chacun le sait
                « Un certain... un Môssieur Duhin ?

» Pourquoi pas un Henri Martin ?...
» Cet autre que voici, c'est un Môssieur Sirot.
» Il croit sans doute être une... *Huile.*
» Que n'imite-t-il Bouguereau ?
» C'est moins difficile

» Et c'est bien plus beau
» Que la peinture à l'eau.

 .   .   .   .

» Celle que voici, leur petite Reine,
» Est-ce bien la peine,
» Que j'en médise ?...
» Elle est ma payse...
» Elle précise... précise... précise...
» J'aimerais mieux qu'elle synthétise...
            ât !

 .   .   .   .

» Et puis voilà
» Un qui se prétend Prince
» ...Prince de brique et de Ciment,
» Voudrait être Prince Charmant
» ...Ce n'est pas pour lui que j'en pince.
» Ne sera jamais mon amant :...
» Moi, j'aime les choses antiques,
» Fussent-elles en toc, vraiment :
» *Un Prince se doit au Gothique.*

 .   .   .   .

» Cette dame expose un coussin....
» C'est à faire damner un Saint :
» Un saint damné sur un coussin ?
» Vraiment quoi t'est c'qu'ils imaginent ?
» De l'art ? ce coussin ?... Pareille machine
» Ca vous démolit la figure...
» ...Après tout, pourquoi pas, ma foi ?...
» Ca fera valoir la chaussure.

 .   .   .   .

» ...Et puis regardez ce gaillard :
» Il a fait une Notre-Dame...
» A faire pleurer la Fontaine... Pauvre Notre-Dame !
» Pauvre Ame !
» Pauvre âme si c'est ça leur Art !
» Que mon cœur, mon cœur a de peine,
» Il fera pleurer la Fontaine...
» Son Eglise avec son clocher !

» Et Monseigneur, dit-on, n'a pas le moindrement bronché.
» Monseigneur, alors, donne dedans leur Modernisme.
» Quel schisme » !
. . . .
Ainsi chez l'épicier du coin.
Une cane avec son coin coin
Tranche les plus graves problèmes.
En vaut-il un autre ce trouble système ?
. . . .
Puis elle continue
   Et son âme nue
     Dégonflent les nues
De nos ambitions sans pareilles.
— (Elle a tout de la lune, n'étant pas le soleil)
« ...Celui-là, avec son fer forgé,
» Vraiment n'a-t-il pas attigé ?...
» De l'art, ça ?
   » A ta place, tiens-toi artisan,
» Si tu mettais, dans les choses intimes,
» Toute la volupté
   » De la Beauté
» Serait-ce pas un crime ?...
» Et qui ferait trop apparente
» La faiblesse de notre Rente
» Et la médiocrité-sombre antienne —
» De l'existence quotidienne ;
» Car J'ai dit tout ceci *en entier*
    « *Chez l'Epicier* ».
Alors Monsieur Machin que l'on dit un brave homme
Et qui tient que Coppée est après tout, en somme,
Le poète Parfait.
Lui dit d'un ton discret
Et benoît
A la fois :
« Vous en cassez du sucre Madame sur leur dos... »
Elle le lui répondit l'air vif et tout de go,
Avec au coin de l'œil une flamme d'envie :
« Môssieur leur Président, qu'est-ce qu'il fait dans la vie ? »

*
* *

Il faut bien rire un peu, puisqu'on en a le droit. Le Président tout le premier. Il a bien travaillé. Un an déjà s'est écoulé depuis l'*improvisation* du printemps dernier. Un an déjà ! comme le temps passe ! A-t-on fait quelque chose, au long de cet an là ? On n'a pas vieilli autant qu'on pourrait croire, puisqu'on a gardé l'enthousiasme de la primitive impulsion...

Et que l'on remet ça !

On revient plus nombreux, et l'on a de l'espace. On n'osait pas trop, il y a douze mois, s'aventurer dans tant de dimensions. Et voilà que l'on se hasarde dans des maisons à triple étage. C'est de l'audace. Mais pourquoi osons-nous ?

Tout bonnement pour ceci : L'an dernier on a réussi. On a réussi très bien ; pourquoi ne pas le dire ? L'exposition, notre exposition, petitement logée, a eu une puissance d'attraction qui s'est prolongée après sa clôture. Il s'est créé un foyer ; ce foyer a groupé des gens que bien des choses séparaient et plus que toute autre peut-être, la différence de leurs quotidiennes occupations. Ils ont trouvé, autour des œuvres qu'on avait groupées un peu au hasard, des raisons de s'assembler, de se connaître, de s'estimer, pent-être de s'aimer ; ils ont trouvé une raison de groupement, une occasion d'œuvre collective ; un moyen pour eux de satisfaire — en dehors de toute préoccupation intéressée — l'instinct social, qu'a créé, développé, exaspéré, la Vie Moderne ; et de cet instinct social, les a réunis l'expression la plus pure : la recherche artistique.

Sont-ils d'accord sur les modes que choisit, suivant les tempéraments, cette expression ; ils ne veulent pas se le demander. Ils ont la bonne fortune d'être unis, sous la direction d'un conducteur d'entreprise, qui vit en contact journalier avec la dureté de l'économie moderne et qui, quand il s'approche de cette recherche artistique, y vient trouver non pas la lutte, mais l'apaisement, la concorde, la sérénité, le désir de mettre, parmi les soucis du travail alimentaire, une joie exclusive de toute préoccupation mercantile ou batailleuse.

Cette joie, on veut qu'elle rayonne, bien au-delà du cercle qui entoure ses promoteurs.

Et nous avons clairement la conscience d'y avoir réussi. Non pas seulement parce que d'une tentative qu'on aurait pu craindre éphémère, nous avons fait une organisation durable. *La Société des Amis des Arts* est aujourd'hui quelque chose de solide ou qui doit l'être. Elle a vécu, elle a survécu à ce qui aurait pu n'être qu'un « emballement momentané » ; elle a des règlements, un statut, elle a affirmé à diverses reprises qu'elle était de la Cité ; elle a consenti des collaborations, elle a pris des initiatives : elle vit.

Elle a éveillé des besoins, suscité des créations qui, pour être indépendants d'elle, n'auraient peut-être pas été possibles sans elle. Des manifestations ont prolongé la première qui fut sienne... et fort heureusement. Sans doute, il serait injuste de méconnaître ce qu'il y a de volonté particulière dans les expositions qui ont suivi celle de l'an dernier. Des salons se sont ouverts. Celui de M. Delcroix a noblement servi une cause qui nous est chère. La galerie Dassonville accueille et produit, avec une prodigalité digne d'éloges, des artistes qui nous font, en venant à Cambrai, un honneur auquel nous ne sommes pas indifférents. Ce n'est pas être injuste envers ceux qui sont venus, envers ceux qui les ont conviés que supposer que nous leur avons, aux « Amis des Arts », frayé le chemin. Qu'il ait été suivi, ce chemin, prouve seulement qu'il était bien tracé.

Mais ce n'est pas là tout.... On est « Amis des Arts »... pas seulement des Arts Plastiques... Pour des raisons qu'il n'est pas opportun d'examiner maintenant, Cambrai reste à l'écart, d'autres mouvements que celui qui anime les peintres, les sculpteurs, les architectes..... Des cités voisines participent à une animation, qu'on semble ignorer ici. Des souffles sont dans l'air, qu'il faudrait accueillir.... Entendez toute une musique qui vous semble étrangère. On vous la voudrait plus familière. Aidez-nous à faire votre joie.

On vous apporte l'effort d'une année. Il vaut ce qu'il vaut, dans sa simplicité, dans sa sincérité. Il paraît pouvoir réveiller des instincts endormis, enlacés peut-être dans des traditions trop exigeantes....

Nous vous apportons un an d'effort loyal... Jugez-le sans indulgence.., mais sans parti pris. Et loyalement aussi, aidez-nous à le poursuivre, à le faire plus efficace, plus largement fécond.

Et pardonnez les fautes... de l'humble auteur qu'on a convié à vous le présenter. S'il n'a pas su se récuser, c'est qu'il est trop timide.

F. DE PAEMELAERE.

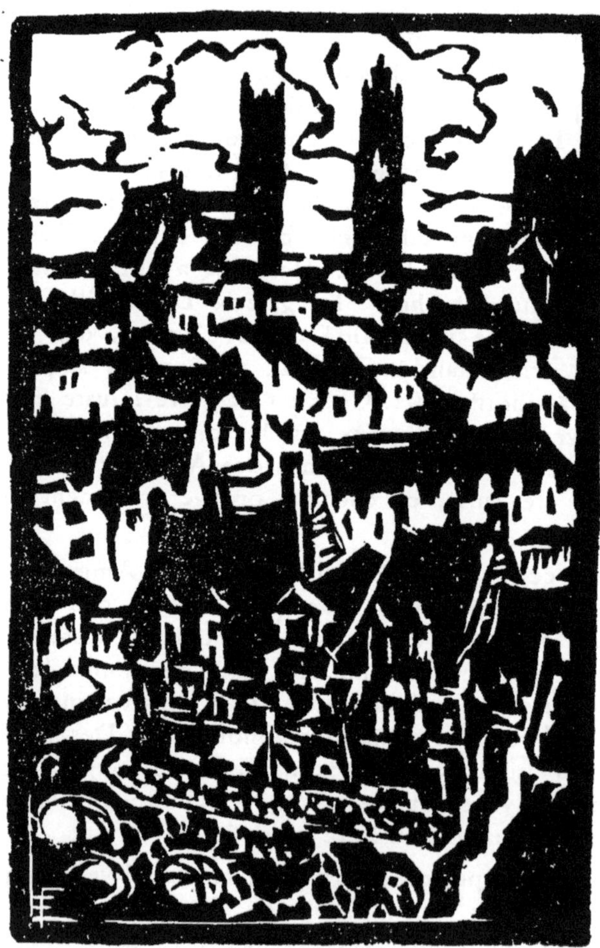

F. FLAMENT — *Gand*

E.-Jh. CARLIER

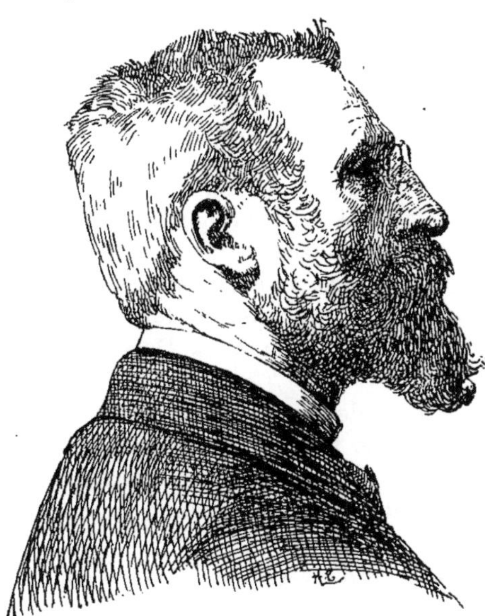

Une belle vie d'artiste, toute de labeur acharné, de difficultés, d'épreuves, de modestie, de franchise, empreinte d'amour du pays natal, couronnée de succès enfin, telle pourrait être résumée la biographie du statuaire E.-Jh. CARLIER, né à Cambrai le 3 Janvier 1849 et mort à Paris le 11 Avril 1927.

C'est dans une maison de la rue de la Prison, dont l'Hôtel de Ville occupe aujourd'hui l'emplacement, que notre compatriote vit le jour. Son père coutelier, dilettante et musicien à ses heures, prévoyait pour son fils une toute autre carrière que celle de sculpteur et le destinait à l'architecture ou aux Arts et Métiers.

Elève de l'Ecole des Frères et suivant les cours de l'Ecole municipale de Dessin où il reçoit les leçons et les conseils des deux Berger père et fils, le jeune Carlier se sent attiré vers l'Art; malgré les remontrances du père, qui craignait pour son rejeton les aléas de la vie d'artiste, mais soutenu par la confiance de sa mère, il s'embauche chez Lecaron, un sculpteur ornemaniste de Cambrai, et sans fortune à l'âge de quinze ans, on le voit débutant dans la taille de pierres et de sculptures de notre Cathédrale. Il tombe un jour du haut des échafaudages et ne doit son salut qu'à la courroie de son sac à outils, qui l'accroche à un mât.

Un voyage fait à l'Exposition universelle de Paris en 1867 oriente définitivement sa vocation, et, artiste en herbe, il doit pour vivre, sans subsides familiaux, entrer chez un fabricant de meubles du faubourg Antoine.

Après avoir mangé pas mal de vache enragée, comme il le disait lui-même en riant, il regagne Cambrai et va demander à Valenciennes, cette pépinière de prix de Rome, des maîtres pour le perfectionner. Tout en travaillant encore chez un sculpteur sur bois, il suit les cours de l'Académie, dirigée par M. Fache, dont il devient un des élèves les meilleurs et les plus assidus. Ses progrès sont rapides et son vieux maître vient lui-même à Cambrai pour décider les parents de CARLIER à le laisser suivre les cours de l'Ecole des Beaux-Arts à Paris. Il obtient une bourse de la Ville de Cambrai en 1869 et il est admis dans l'atelier de Cavelier.

Les débuts sont difficiles, des découragements et des emballements se suivent, lorsque la guerre de 1870 interrompt brusquement ses études. Après une apparition à la maison paternelle, sans rien dire de ses intentions, et bien qu'exempté du service militaire, il court s'engager dans les volontaires de Montrouge. Il fait courageusement son devoir aux avant-postes à Bagneux. A Buzenval il voit tomber Regnault à ses côtés, il est blessé de trois coups de feu, il est transporté à l'ambulance où il manque de perdre le bras droit, et lorsque son colonel le propose pour la croix, il répond simplement : « Donnez-moi la médaille, c'est assez. »

A peine remis il assiste aux horreurs de la Commune et exaspéré par ces tristes évènements, il cherche des horizons nouveaux. Avec pour tout pécule quinze francs en poche et un pistolet, il part pour l'Espagne qu'il parcourt à pied pendant six mois, se louant en cours de route et travaillant la pierre.

De retour à Paris, après une période d'incertitude, il entre dans l'atelier Jouffroy, puis dans l'atelier Chapu où il retrouve Fagel, son camarade valenciennois.

Il débute au Salon de 1874 par l'envoi de trois bustes et depuis il n'a cessé d'exposer chaque année.

Sa première œuvre importante est un témoignage de gratitude offert à la Ville de Cambrai, qui l'a aidé à ses débuts. C'est la statue du chroniqueur du Cambrésis, *Enguerrand de Monstrelet*, exécutée en pierre (1876) pour notre jardin public.

En 1877 il érige au Père Lachaise sur la tombe de ses parents une *Résurrection*, dont la reproduction lui est ensuite demandée pour un monument funéraire en Amérique.

Gilliatt aux prises avec la pieuvre, inspiré du roman de Victor Hugo « Les Travailleurs de la Mer » lui vaut une 2ᵐᵉ médaille au Salon de 1879. L'*Age de pierre* (au musée de Cambrai) lui fait obtenir en 1881 la première bourse de .voyage, qui lui permet de visiter l'Italie. A Florence il fait l'esquisse de *l'Aveugle et le Paralytique*, récompensé par une 1ʳᵉ médaille au Salon de 1883.

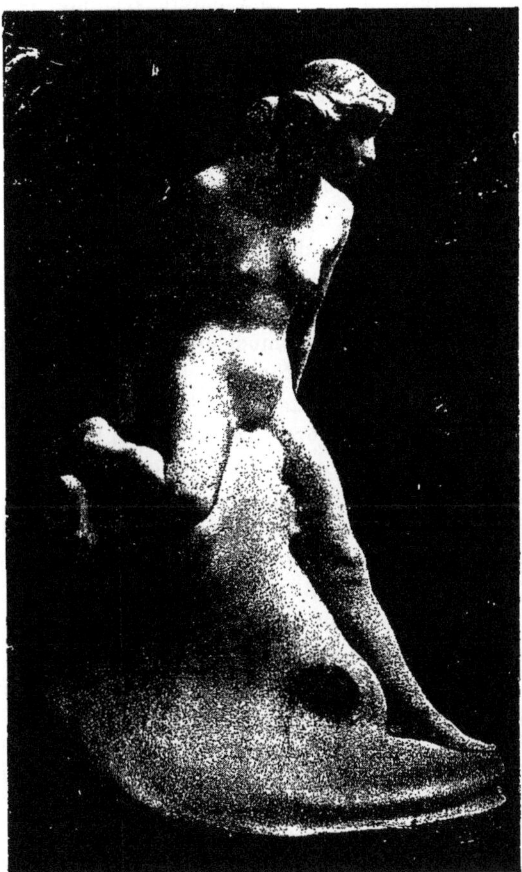

E.-Jh. CARLIER — *La Vague*

Grand Prix à Amsterdam en 1883, Grand Prix encore à l'Exposition d'Anvers en 1885, il est chevalier de la Légion d'Honneur à la fin de cette année.

Il expose en 1886 *la Famille* (au musée d'Arras), en 1887 *Madame Roland* pour la maison d'éducation de la Légion d'Honneur à St-Denis, puis la statue de *l'Histoire Naturelle* pour la Sorbonne et un bas relief d'animaux pour le Museum.

Après sa médaille d'or à l'Exposition universelle de Paris en 1889, il décide de transformer en marbre son *Gilliatt;* sans l'aide du praticien, il sculpte lui-même son œuvre pendant plus d'un an, il caresse son marbre et lui donne une vigueur et une musculature qui retiennent l'attention du Jury au Salon de 1890. Arrivé en tête des concurrents pour la grande médaille d'honneur, il n'obtient pas la récompense suprême à cause d'un réglement rigoureux, qu'il fait lui-même reviser, lorsque les années suivantes il est à son tour membre du Comité et membre du Jury des Artistes Français.

Mais compensation bien méritée, son *Gilliatt* en marbre est acheté par l'Etat et placé au Musée du Luxembourg.

Alors l'artiste, après avoir observé les silhouettes masculines dans l'âpre combat de chaque jour, se tourne vers la grâce et la beauté féminine, et, sous ses doigts se modèlent des statues où triomphent la souplesse, la majesté ou l'eurythmie.

Le chef d'œuvre de cette période est le groupe polychrome *le Miroir* (au Musée de Cambrai) reproduisant la fameuse Chrysis du célèbre roman de Pierre Louys « Aphrodite ».

Exposé au Salon de 1897, une fois encore CARLIER réunit le plus grand nombre de suffrages au premier tour de scrutin pour la médaille d'honneur, qui fut attribuée à un sculpteur plus âgé au deuxième tour, avec quelques voix de majorité.

Les cariatides de l'Hôtel de Ville de Tours sont de la même époque et de la même inspiration.

Ce furent ensuite la *Musique* et la *Danse profane* en marbre qui est à l'Elysée. En 1910, à l'Exposition universelle de Bruxelles, sa gracieuse *Nausicaa* en marbre, grandeur nature, est exposée au milieu du Salon d'honneur dans la section artistique. La Ville de Paris en a fait l'acquisition et la destine au Petit Palais des Champs Elysées.

En Mai 1910, CARLIER est élevé au grade d'officier dans l'ordre de la Légion d'honneur, dans la promotion des Beaux-Arts de l'Exposition de Londres.

Puis en 1912 *Jeunesse* et *Diane chasseresse,* en 1913 *la Vague,* en 1914 la *Danseuse au voile* et *Pannyre aux talons d'or,* inspirée de la poésie d'Albert Samain, sont autant d'évocations charmantes du corps féminin, qui font l'admiration des habitués du Salon et des critiques d'art.

Entre temps il modèle un grand monument aux *Vilmorin* destiné à

un square de Paris, il exécute pour Condé-sur-Escaut la statue du
général *Pouilloüe-Saint-Mars*, surnommé le père du soldat, dont la
maquette était au Musée de Cambrai, il collabore avec l'architecte
cambrésien Castex à un projet de fontaine monumentale pour la ville
de Reims.

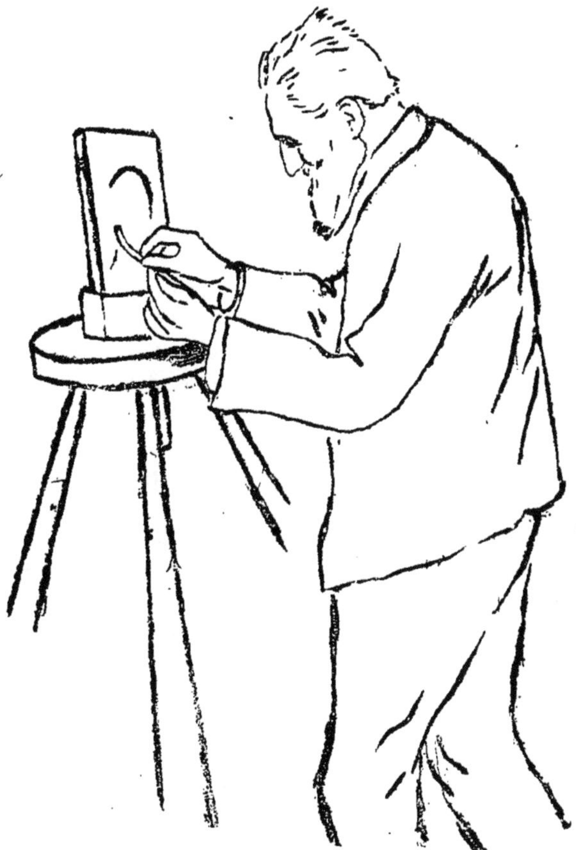

Croquis d'atelier par Paul PETIT

Nombreux sont les bustes et les médaillons de E.-Jh. CARLIER.
Citons parmi tant d'autres le buste de F. de Lasteyrie qui est à
l'Institut, Berlioz et Victor Massé à l'Opéra, Henri Poincaré à Nancy,
Auguste Dorchain, etc...

Appelé à Alger en 1912, il y reproduit les traits du duc des Cars, le général de la conquête de 1830 et fait le médaillon du général Bailloud, le digne successeur de ce conquérant.

N'oublions pas aussi que plusieurs cambrésiens ont eu leur tête ou leur profil modelé par notre talentueux compatriote.

Artiste laborieux et consciencieux, CARLIER est toujours resté en dehors des intrigues et des coteries; il a toujours eu le mépris du tapage et de la réclame qui consacrent les fausses renommées. Atteint de surdité il passait les dernières années de sa vie entre la bibliothèque de l'Ecole des Beaux-Arts et son atelier de la villa d'Alésia où il recevait ses amis avec une bonne humeur charmante et nous avons gardé le plus agréable souvenir des heures passées dans l'intimité du maître.

Quand survint la grande guerre, le bon cambrésien qu'était CARLIER se donna de tout cœur à l'œuvre des Réfugiés du Nord. Président de « l'Amicale de Cambrai » il se dévoua pendant quatre ans avec son grand ami Devignes pour aider, recueillir et renseigner tous les habitants du Cambrésis, chassés de leurs foyers par l'invasion. Ce fut autour de lui comme une grande famille, dont les membres éplorés et anxieux venaient de plus en plus nombreux chercher un appui et un réconfort.

Son âme d'artiste fut cruellement affectée, lorsqu'il apprit que ses statues en bronze de notre jardin public avaient été jetées en bas de leur socle par l'ennemi pour être envoyées aux fonderies d'outre-Rhin. Œuvres d'art faites pour le plaisir des yeux transformées en œuvres de mort pour tuer des enfants de France...

La guerre lui a inspiré quelques allégories : une *Victoire*, un *Cambrai angoissé*, des groupes de veuves et un projet de monument du *retour de l'Alsace et de la Lorraine* avec le buste de Clémenceau.

Membre de « La Betterave », Rosati d'honneur en 1897, membre du Comité de Reconstitution de Cambrai, il était de toutes les réunions de Paris où se trouvaient des Cambrésiens et jamais il n'a cessé de s'intéresser à son pays d'origine.

Il nous écrivait il y a quelques années :

« Mon bonheur aurait été parfait si ma ville natale, suivant en cela maintes cités de France, avait chargé ses artistes de décorer ses monuments publics...

Vous avez raison de créer un mouvement artistique et littéraire dans le Cambrésis pour compléter l'éducation esthétique de nos Cambrésiens et leur faire prendre en horreur toutes ces œuvres de

*bazar, peintures et sculptures, qui n'ont qu'un mérite à leurs yeux :
le bon marché.*

*Cambrai a connu quelques expositions d'art.... il y a longtemps
de cela...*

*Aussi le goût des arts était-il plus développé et ma génération a
connu les Berger, les Peinte, les Delacroix, les Deladeuille, les Frère,...
depuis rien !*

*Notre ville n'est pas plus sotte que Valenciennes, Douai, Lille et
Roubaix où le mouvement artistique est continuel. Les affaires sont
de belles choses, mais l'Art et les Belles Lettres sont la gloire d'un pays
et il doit les encourager et les honorer ».*

Maître, aujourd'hui votre vœu est exaucé.

La jeune Société des Amis des Arts a suivi vos directives.

Le flambeau de l'Art n'est pas éteint à Cambrai depuis votre
mort ; des artistes locaux ou ayant des attaches dans le Cambrésis
l'ont pieusement recueilli. Groupés cette année autour de vos plus
belles œuvres réunies dans votre ville natale, ils sauront en garder la
flamme vivace et étincelante et ils la feront rayonner au delà des
limites de notre région pour la plus grande gloire de votre nom et de
notre petite Patrie.

P**AUL** **PETIT**

Lauréat de l'Ecole du Louvre,
Correspondant de la Société Française des Beaux-Arts.

CATALOGUE

Œuvres du Statuaire E.-Jh. CARLIER
à l'Exposition des Amis des Arts de Cambrai
du 15 Janvier au 15 Février

1	Gilliatt aux prises avec la pieuvre	Marbre.
2	Le Miroir d'eau	»
3	La Brise	»
4	Jeunesse	»
5	Le petit destructeur	»
6	Nausicaa	»
7	Baigneuse	»
8	Tête de danseuse (Statue de l'Elysée)	»
9	Le père et la mère de Carlier	Bustes en marbre.
10	Berlioz (Buste à l'Opéra)	Buste.
11	Clemenceau	»
12	Henri Poincaré	»
13	Auguste Dorchain	»
14	Victor Ramette	»
15	Félix Devignes	»
16	Ed. Garin	Médaillon.
17	Louis Blériot	»
18	Deflandre	»
19	Paul Devred	»
20	Général Bailloud	»
21	Gilliatt	Bronze.
22	La Vague	»
23	La femme du pêcheur	»
24	Madame Roland	Plâtre.
25	La danse profane	»
26	La Musique	»
27	Projet du Monument d'Alsace et Lorraine	»
28	Pannyre aux talons d'or	»
29	Diane chasseresse	»
30	L'Aveugle et le Paralytique	»
31	Tête de danseuse	»
32	L'enfant à l'outre, projet de fontaine	»
33	Nausicaa	Terre cuite.
34	La belle et la Bête (esquisse)	»
35	Victoire (esquisse)	»
36	Amants (esquisse)	»
37	Retour des champs (esquisse)	»
38	La mère et l'enfant (esquisse)	»

Des goûts
et des couleurs....

.. on ne discute
pas....
    mais vous serez
guidé sûrement
en confiant vos
peintures à

H. Bretuz

    dont les
collections de papiers
peints sont simple-
-ment merveilleu-
-ses —
17 rue Vanderburch

39 Acis et Galathée (esquisse) .. ..   Terre cuite.
40 La veuve et son enfant (esquisse) .. .. ..   »
41 Cambrai angoissé (1914-1918) .. ..   »
42 Le révolté (Salon 1926). .. ..   »
43 Danseuse au voile .. ..   »

**Photographies des premières œuvres du Maître
et de ses Statues récompensées aux Salons**

44 Portrait de E.-Jh. Carlier p^r Chartran à Rome   Peintures à l'huile.
45   »   »   Guillot .. .. ..   »
46   »   »   Buret. .. .. ..   »
47   »   »   Aubert .. .. ..   »

AUFRAY GENESTOUX (Mme S.)

18, Avenue Mac-Mahon, PARIS (17e)
(Médaillée au Salon des Artistes Français)

48 Portrait de Sa Grandeur Mgr Chollet .. ..   Peinture.
   (Archevêque de Cambrai).

BILLET DE FOMBELLE Suzanne (Mme)

10, Boulevard Bonne Nouvelle à PARIS
(Ancienne Elève de l'Ecole des Beaux-Arts)

49 Cour du Petit Palais des Champs Elysées ..   Peinture.
50 Paysage breton .. ..   »
51 Etude de Nu.. .. ..   »
52 Etude de Nu.. .. ..   »
53 Bretonnes .. ..   »

BOISSIER Emile

61, Rue de Valenciennes à CAMBRAI

54 Table de salon, ronde .. ..   Ebénisterie d'Art.
55 Coiffeuse .. ..   »
56 Coffret .. ..   »

BOURAINE Marcel

8, Villa des Camélias, PARIS (14e)
(Sociétaire Salon d'Automne, Tuileries, etc...)

57 Rêverie .. ..   Sculpture.
58 Douleur .. ..   »
59 Maquette de Saint-Martin pour l'église de
   Fontaine Notre-Dame .. ..   Plâtre.

BRASSEUR-DUCHANGE (Mme)
2, Rue de Flandre à CAMBRAI

61 Coussin « Empire »	Sujet d'art décoratif
62 Coussin « Chinoiserie »	»

CAILLIEZ Jean
22, Rue de La Madeleine CAMBRAI
(Lauréat des Ecoles Saint-Luc)

63 Type flamand	Peinture.
64 Portrait de G. Seghers	»
65 Nature morte	»
66 Notre-Dame des Sept Douleurs	»

CAPLIEZ Achille
45, Rue d'Angleterre à LILLE
(Sociétaire des Artistes Français)

67 Vieux Lille, Entrée de la Treille	Peinture.
(Salon des Artistes Français).	
68 Honfleur, le bassin	»

CAPLIEZ Georges
8, Place Saint-Sulpice PARIS (6e)

69 Paris, rue Saint-Médard	Aquarelle.
70 Paris, Pont Neuf	»
71 Cambrai, fin d'été au jardin	»
72 Cambrai, Porte de Selles	»
73 Au tournant de la route	»
74 Versailles, sur la terrasse	»
75 Masure en Morbihan	»
76 Chemin en Flandre	»
77 Pontivy, Château des Rohan	Dessin.
78 Pont-Aven, Chapelle Trémalo	»
79 Quimper, rue Kéreon	»
80 Quimper, Bord du Steir	»
81 Moret, Porte de Bourgogne	»
82 Moret, 2e Porte de Bourgogne	»
83 Boulogne, Porte Gayolle	»
84 Château du Piroux	»
85 Vitré, rue Baudrairie	»
86 Marée basse, près Paimpol	»
87 Marée haute, Concarneau	»
88 Cambrai (Saint-Géry 1920)	»
89 Entrée de Château (Bretagne)	Peinture.
90 Nature morte	»

DELEAU ET Cie

ARLEUX (Nord) - Téléphone 22

Clôtures en Ciment armé
MODÈLES ARTISTIQUES

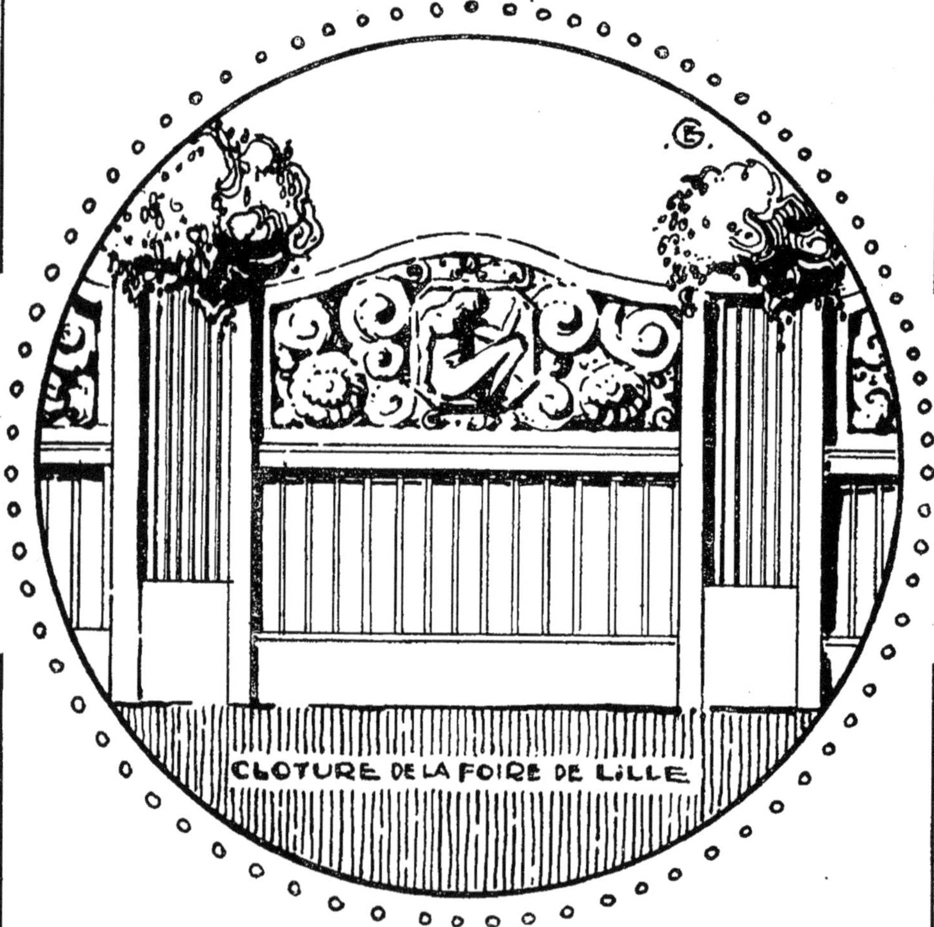

Ne pouvant exposer aux Amis des Arts, à CAMBRAI,
nous vous invitons à voir notre Stand à la Foire de LILLE.
——— DEMANDER NOS DESSINS ———

CARON Ernest
6, Rue du Château-d'Eau CAMBRAI

91 Lilas .. ..   Peinture.
92 Bourriche de roses .. ..   »
93 Allée Fénelon . . ..   »
94 Vue du Canal, Cambrai. .. ..   »
95 Gibier d'eau .. ..   »
96 Nature morte .. ..   »
97 Nature morte .. ..   »

CARRE Régina-Geneviève (Melle)
2 bis, Rue des Anglaises à CAMBRAI

98 Moulin de Serain. .. ..   Peinture.
99 Marais de Fressies .. ..   »
100 Marais de la Folie. .. ..   »
101 Rue de la Vierge Marie. .. ..   »
102 Roses. .. ..   »
103 Zinias .. ..   »
104 Pivoines. .. ..   »
105 Pommiers fleuris.. .. ..   »
106 Le petit sentier .. ..   »
107 Le Canal (Un quai).. .. ..   »
108 Le pont de Selles. .. ..   »
109 Les Saules .. ..   »
110 Dahlias . .. .   »
111 Vue de la « Grenouillère ».. .. ..   »
112 Monstrelet .. ..   »
113 Jardin au printemps. .. ..   »
114 Ponts sur l'Escaut .. ..   Aquarelle.
115 Coin de jardin. .. ..   »
116 Tête de femme. .. ..   Crayon rehaussé.
117 Etude de tête.. .. ..   »
118 Croquis .. ..   »
119 Croquis .. ..   »
120 La rue Tilvasson.. .. ..   Pastel.
121 Vieux coin sous la neige .. ..   »
122 Portrait de Claude M. .. ..   »
123 Portrait de Pierre M. .. ..   »
124 Portrait de Paul G. .. ..   »
125 Portrait de Thérèse W. .. ..   »
126 Portrait de Roger P. .. ..   »

CHARLIER Henri
Sculpteur
LE-MESNIL-SAINT-LOUP par PALÉS (Aube)

127 Sainte Jeanne d'Arc (pour l'église de Fontaine Notre-Dame) .. ..   Sculpture.

CLAIRIN Pierre-Eugène
7, Rue Dutot à PARIS

128 La Porte Neuve sur le Belon (Finistère) ..   Peinture.
129 Narcisses et Renoncules. . . . .   »
130 Le Pont des Anglais à Soissons.. . . .. ..   »
131 La Carrière l'Evêque (Soissonnais) .. .. ..   »

COLONNA CECCALDI (Melle M.)
23, Rue du Grand-Séminaire à CAMBRAI

132 Flamand .. . .   Pastel.
133 Le Doron de Beaufort .. . .   Peinture.
134 Arêche . . . .   »
135 Le Mont Mirantin .. . .   »
136 L'Outray . . . .   »
137 Châlets de Savoie .. . .   »

CORNAILLE Valentine
32, Mail Saint-Martin à CAMBRAI

138 Fleurs modernes, coussin .. . .   Sujet d'art décor^{tif}

CRISTOFOLI DANTE
3, Rue Saint-Lazare, CAMBRAI

139 Tête de Christ. .. . .   Mosaïque en Marb^{re}
140 Mater Dolorosa .. . .   »
141 Madone. . . . .   »
142 Corbeille de fleurs. .. . .   »

DAVAINE Simone
37, Grand'Rue à QUIEVY (Nord)

143 Violettes .. . .   Peinture.
144 Capucines . . . .   »
145 Soucis . . . .   »
146 Anthémis . . . .   »
147 Chrysanthèmes du Japon. .. . .   »
148 Giroflées . . . .   »

DEBU Jean
58, Rue des Rôtisseurs, CAMBRAI

149 Bouquet de soucis .. . .   Aquarelle.

DELCROIX Maurice
(Maître Marbrier)
30, Place d'Armes, DOUAI
(Deux maquettes de monuments funéraires modernes).

150 Un en pierre blanche .. ..
151 Un en marbre noir.. .. ..

DELIGNE Adolphe
14, Place-au-Bois à CAMBRAI

152 Etude de Nu.. .. .. Dessin.

DELIGNE Jacques
14, Place-au-Bois à CAMBRAI

153 Paris-Plage .. .. Aquarelle.
154 Coucher du Soleil (Ostende) .. .. »
155 Barque dans le port d'Ostende .. .. »
156 Maisons Alsaciennes .. .. »

DELIGNE André
14, Place-au-Bois à CAMBRAI

157 Midi Villa des Erables (Divonne-les-Bains) Peinture.
158 Coin du Parc (Divonne-les-Bains) .. .. .. »
159 Vieilles Maisons, Chemin de la Doubon .. »
    (Allevard-les-Bains)
160 Crépuscule (Lac Léman, Evian) .. .. »

DELMOTTE Gabriel
à MASNIERES (Nord)

161 Etude d'Arbre . .. . Peinture.
162 Vue de Géradmer .. .. »
163 Thun-Saint-Martin au Printemps .. .. .. »
164 La Maison de l'auteur .. .. »
165 Sous bois : Vieux bouleaux .. .. »
166 Près de la Sensée en hiver .. .. »
167 Sous bois au Touquet .. .. »
168 Cottage . .. . »
169 Le Marais à Hem-Lenglet .. .. »

DELPLANQUE Georges
(Elève de BILLOUL et Lucien SIMON)
1, Rue Saint-Christophe, DOUAI

170 Eglise de Lewarde .. .. Peinture.
171 Lavoir à Vannes .. .. »

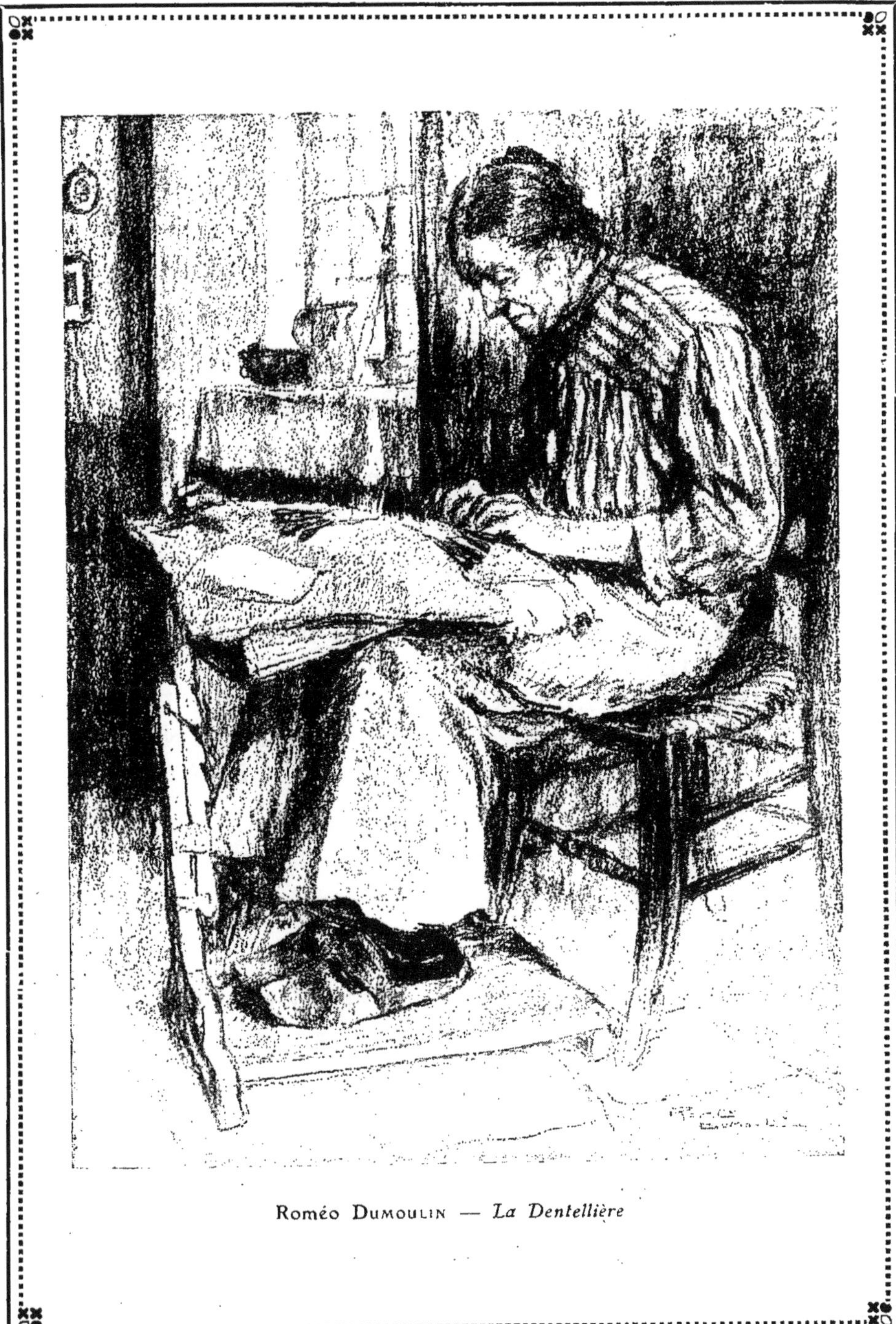

Roméo Dumoulin — *La Dentellière*

DEPOUTRE Geneviève (Melle)
5 bis, Place Saint-Amé, DOUAI

172	Fillette à la Tortue	Peinture.
173	Jeune fille	»
174	La lecture (esquisse)	»
175	L'effort (esquisse)	»
176	Paysage	»

DEPOUTRE Hélène (Mme)
6, Boulevard de la Liberté, CAMBRAI

177	Les bluets	Aquarelle.
178	Bouquet de renoncules rouges	»
179	Roses de Nice et Violettes	»
180	Chrysanthèmes	»
181	Dahlias et vase en vieux Delft	»
182	Bouquets d'Œillets	»

DERIEUX Ernest
3, Rue Tilvasson à CAMBRAI

183	Nature morte (Appartient à Monsieur D.)	Peinture.
184	Nature morte	»
185	Paysage	»
186	Paysage	»
187	Paysage	»
188	Paysage	»

DESCATOIRE A.
(Grande médaille d'or, Salon 1927)
54, Avenue du Maine, PARIS

189	Le vieux Pont	Peinture.
190	Calvaire	»
191	Vieille rue	»
192	La fontaine	»
193	Vieux moulin	»
194	Vieille rue	»
195	Au crépuscule	»
196	Maison grise	»
197	Eglise	»
198	Vieilles maisons	»
199	Dans le Rouergue	»
200	Le Pont et l'Eglise	»
201	Porte de Villecomtal	»
202	Eglise espagnole	»
203	Enfants dans les roses	Marbre.
204	Dans la tranchée	Gr^{de} br^e cire perdue.

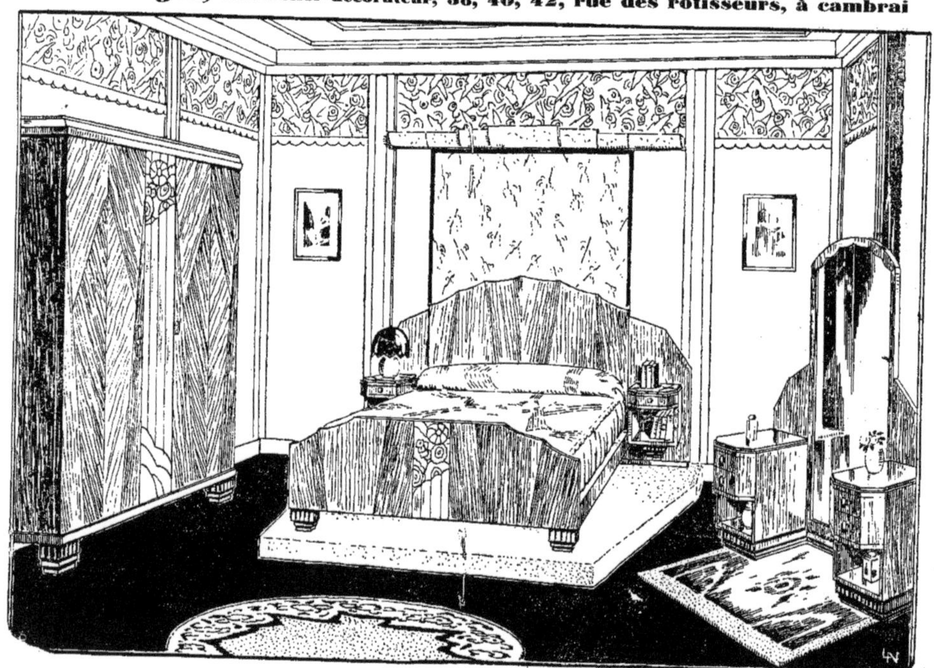

chambre moderne en amaranthe et incrustations ivoirine
exposée aux amis des arts

205 Un Conte du Vieux faune .. ..   Bronze cire perdue.
206 Le retour.. .. ..   »
207 Grenadier .. ..   »
208 Arbalétrier .. ..   »
209 Mitrailleur .. ..   »
210 Buste Gemier.. .. ..   »
211 Enfants dans les roses .. ..   Terre cuite.
212 Pierrot et Colombine .. ..   »
213 Père Sertillanges .. ..   »
214 Buste Saint-François de Sales .. ..   Plâtre patiné.
215 Buste Cardinal Dubois .. ..   »

DESORMAIS Paul O A
2, Rue des Anglaises, CAMBRAI

216 Croquis (Mon ami Jules) .. ..   Crayon rehaussé.
217 Portrait .. ..   Fusain rehaussé.
218 Moulin de Serain.. .. ..   Huile.
219 Etude de Tête. .. ..   Fusain sanguine.

DESRUMEAUX Magdeleine
(Sociétaire A. F.)
266, Rue Nationale à LILLE

220 La Panne, effet de Matin (Marine) .. .. ..   Pastel.
221 La Panne, Temps gris (Marine) .. ..   »
222 Nature morte .. ..   Aquarelle.
223 Roses et vase d'argent.. .. ..   »
224 Roses et vase bleu .. ..   »
225 Coffret émail cloisonné.. .. ..   Sujet d'art décoratif
226 Buvard cuir repoussé et patiné (plumes de
    Paon). .. ..   »

DEWYNTER Elisabeth (Melle)
18, Rue Delphin-Dutemple à CAMBRAI

227 Vieille porte (paysage).. .. ..   Peinture.
228 Soucis, fleurs .. ..   »
229 Nature morte .. ..   »

DROUIN-DELIGNE Raoul ✳
8 ter, Rue de l'Epée à CAMBRAI

230 Une Gentilhommière .. ..   Projet d'Archit^re.
231 Vieille rue à Bordeaux.. .. ..   Aquarelle.

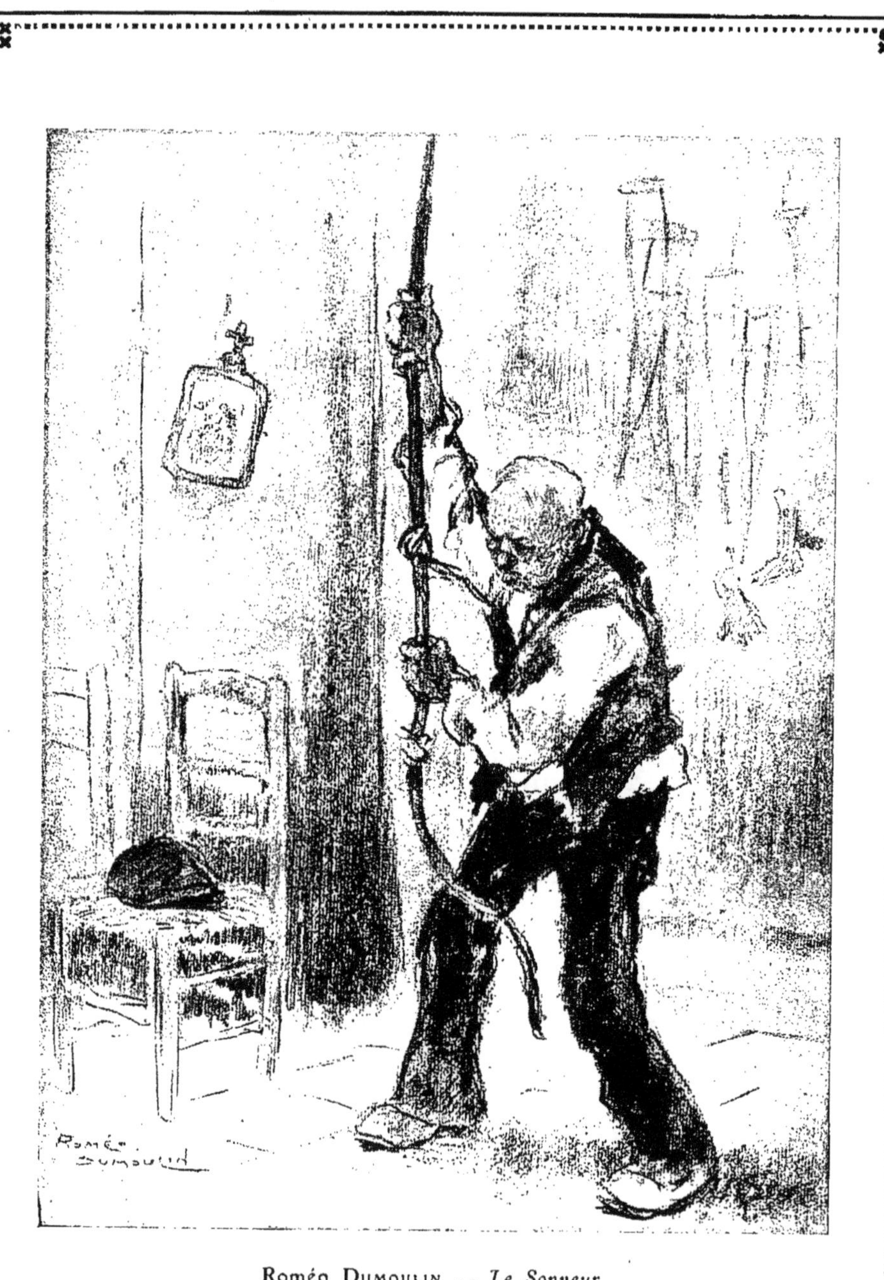

Roméo Dumoulin — *Le Sonneur*

DUBOIS Jean

Rue Delphin-Dutemple, CAMBRAI

232	Table à thé et sous-plat	Serrurerie d'art.
233	Plafonnier	»
234	Coupe fer forgé..	»

DUBOIS Simone-Charles (Mme)

à SAINT-SAULVE (Nord)

235	L'Ourthe à Houffalize	Aquarelle.
236	Les Pyrénées à Pau..	»
237	Les Pyrénées à Pau..	»
238	Les Pyrénées à Pau..	»
239	La baie de Seine à Villerville..	»

DUHEM Henri

10, Rue d'Arras à DOUAI

Officier de la Légion d'honneur
Chevalier de l'Empire Britannique
Membre correspondant de l'Institut
Membre fondateur du Salon des Tuileries

240	Retour des faneuses soleil couchant..	Peinture.
241	Maison de pécheurs boulonnais	»
242	Soleil sur la neige	»
243	Parc enneigé	»
244	Au Lac Léman	»
245	Mouton à l'éteule	»

DUMOULIN Roméo

107, Avenue Grandchamps STOKEL-BRUXELLES (Belgique)

246	Pivoines	Peinture.
247	Roses	»
248	Place Blanche Paris..	»
249	Après la fête..	»
250	Les deux sœurs	»
251	Les faucheurs	»
252	La meule	»
253	Les tournesols	»
254	Vieilles maisons, Bruges.	»
255	Cottage fleuri..	»
256	Les roses trémières..	»
257	Le vieux parc	»
258	En automne	»
259	Fleurs	»

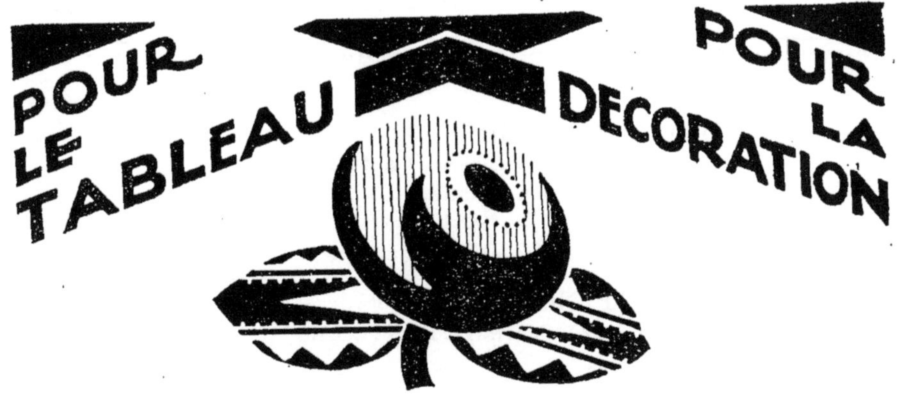

Des couleurs durables

Appliquant les bons principes d'antan, les laboratoires F. LINEL préparent des couleurs non seulement fines, riches et intenses, mais aussi INALTÉRABLES A LA LUMIÈRE et permettant des mélanges stables.

Des toiles bien préparées

Les toiles marque A. BINANT sont tissées dans les usines de Thibouville et préparées dans les ateliers de Pantin. La régularité de qualité des livraisons est garantie par le contrôle des fabrications. Ces toiles existent pour peinture de tableaux, plafonds, imitation tapisserie, décors de théâtre, panoramas. Leurs qualités leur ont valu 3 médailles d'Or et 3 Grands Prix.

COULEURS F. LINEL
TOILES A. BINANT
PARIS

DUPAS Alexandre

51, Boulevard de la Liberté, CAMBRAI

260 Vieilles maisons, rue des Feutriers. .. .. ..   Peinture.
261 Tour Saint-Fiacre. .. ..   »

DUPONT Christiane (Melle)

11, Boulevard Central, VERSAILLES

262 Dahlias .. ..   Pastel.
263 Dahlias et asters. .. ..   »
264 Etude de chrysanthèmes. .. ..   »

ESCHBACH Paul-André

18, Rue de Chabrol à PARIS
(H. C. Médaille d'Or)

265 L'Ouche près Dijon (Neige).. .. ..   Peinture.
266 Arrière port à Concarneau (Marine). .. ..   »
267 Environ de Dijon (Neige).. .. ..   »
268 Temps orageux (Marine).. .. ..   »

FENOUILLET Georges

6, Rue Lallier à CAMBRAI

269 Meylan .. ..   Aquarelle.
270 Route dans le Vercors .. ..   »
271 Le Puy de Sancy. .. ..   »
272 Col de Vallouise.. .. ..   »
273 Vieille porte d'Haarlem .. ..   »
274 Vue sur le Massif de la Chartreuse .. .. ..   »
275 Bois de Proville.. .. ..   »
276 Etude de ciel.. .. ..   Peinture.
277 Etude de ciel.. .. ..   »
278 Etude de ciel.. .. ..   »
279 Verger en fleurs.. .. ..   »

FLAMANT E.

Peintre-Fresquiste
7, Rue Jacquard à FRESNOY-LE-GRAND
(Médaillé de l'Ecole Nationale des Beaux-Arts)

280 Anvers Crépuscule .. ..   Peinture.
281 C. B. No 4.. .. ..   »
282 Au Bois de Béthencourt .. ..   »
283 Nature morte .. ..   »
284 Portrait .. ..   »

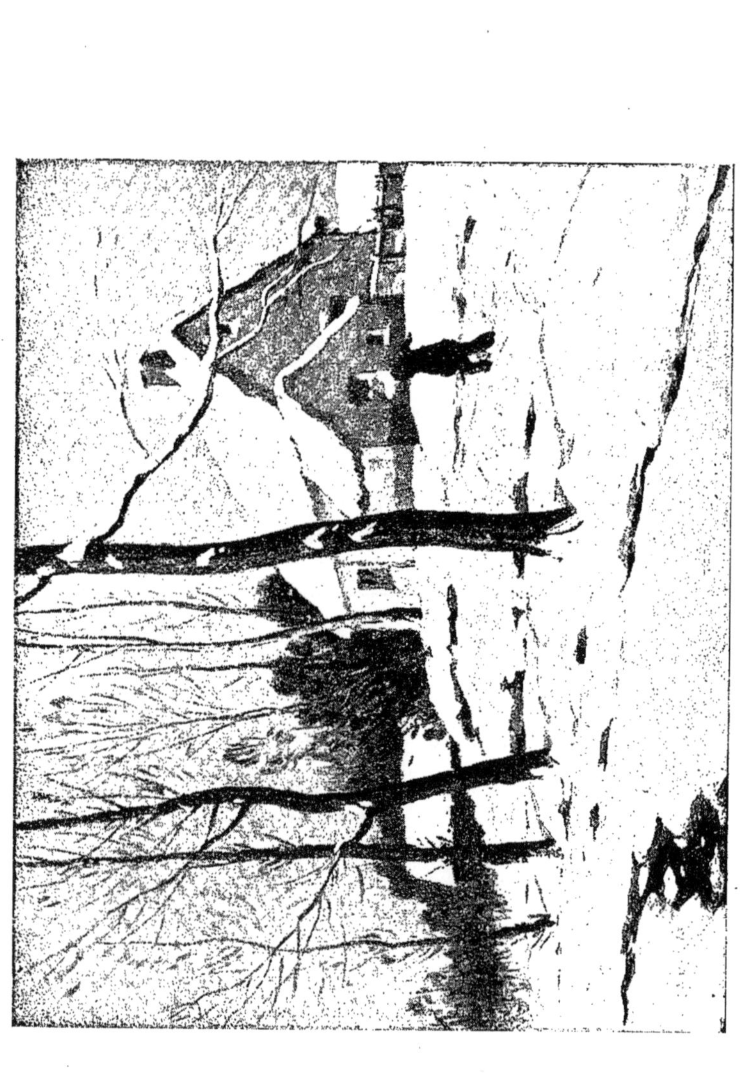

Eschbach — *Effet de Neige*

285 Deux Esquisses de décoration.. .. ..   Dessins.
286 Deux Esquisses de décoration.. .. ..   Peintures.
287 Carton d'une fresque de l'église de Bully-
       les-Mines. .. ..   Dessin.
289 Beaumont-en-Cambrésis .. ..   Peinture.
290 Gand .. ..   Gravure sur bois.

FLAMENT-MOTTE Georges
5, Rue du 11 Novembre, CAMBRAI

291 Chrysanthèmes .. ..   Peinture.
292 Paysage d'automne .. ..   »
293 Nature morte .. ..   Aquarelle.
294 Un coin du Marais Cantimpré.. .. ..   »
295 Eglise Saint-Druon.. .. ..   »

FLEURY Alphonse
132, Rue de Caudry à CAMBRAI

296 Entrée du jardin public. .. ..   Peinture.
297 Ostende, les Quais. .. ..   »
298 Compiègne, Bords de l'Oise .. ..   »
299 Pont Estavelot (Belgique). .. ..   Aquarelle sur toile.

GAILLARD E.
Architecte
7, Grande-Rue Aubenche, CAMBRAI

300 Rue Aubenche, Cambrai. .. ..   Peinture.
301 Rue Saint-Julien (étude).. .. ..   »
302 Rue Saint-Julien (étude).. .. ..   »
303 Pont Marie, Paris. .. ..   »
304 Hauts Fourneaux Denain .. ..   »
305 Eglise de la Clarté, Bretagne.. .. ..   »
306 Etude Bretagne .. ..   »
307 Etude Bruges. .. ..   »
308 Etude Bretagne .. ..   »
309 Etude Bretagne .. ..   »

GARET Fernand
Architecte D. P. L. G.
(Médaille d'argent de la Société des Amis des Arts de la Somme)
3, Rue Léon-Gambetta à CAMBRAI

311 Paysage (étude) .. ..   Aquarelle.
312 A la lisière du bois.. .. ..   »
313 Vue du Trocadéro .. ..   »
314 Cambrai au XVeme siècle (Porte St-Sépulcre).   »

GASCHE René
41, Rue de Clichy, PARIS (9e)

315 Nature morte, Coq Faisan et Canard sauvage   Peinture.
316 Fleurs, dahlias et reine-marguerite.. .. ..   »
317 Fleurs, œillets. . . . .   »
318 Nature morte.. . . . .   »
319 Nature morte (canard sauvage).. .. .. ..   »
320 Nature morte (harengs). .. ..   »
321 Nature morte (pommes) . . ..   »
322 Nature morte (coupe pommes, oranges).. ..   »
323 Nature morte (coupe amendes, cerises, bananes) .. ..   »
324 Pêches bananes .. . .   »
325 Pochade, les Quais .. ..   »
326 Nature morte, dahlias (écrin, livre).. .. ..   »
327 Fleurs, dahlias . . ..   »
328 Pochade, Rade Villefranche .. ..   »
329 Nature morte (Reine-Marguerites, écrin bijoux, nécessaire toilette) .. ..   »
331 Pochade, Col de Villefranche-sur-Mer .. ..   »
332 Nature morte, Coq faisan.. .. ..   »
333 Nature morte : vin, fromage, fleurs.. .. ..   »
334 Dahlias . . ..   »
335 Vase Reine-Marguerites avec pochette .. ..   »
336 Vase dahlias .. ..   »

GAUMONT Marcel
(Grand Prix de Rome)
7, Rue de Bagneux à PARIS

337 Notre-Dame de Grâce .. ..   Statuette bronze.
338 Joueuses de boules .. ..   Groupe plâtre.

GEORGE Madeleine (Melle)
72, Rue du Marais à ESCAUDŒUVRES

339 Ecran de foyer (porteur d'oranges japonais).   Sujet d'art décoratif
340 Ecran de foyer (mandoliniste japonaise) ..   »
341 Porte journaux (mousmé japonaise).. .. ..   »
342 Classeur (Glycines).. .. ..   »

GESTAS Germaine (Melle)
8, Rue du Général Faidherbe, NOGENT-SUR-MARNE

343 Pièces de batik (blouses, écharpes, etc...)..

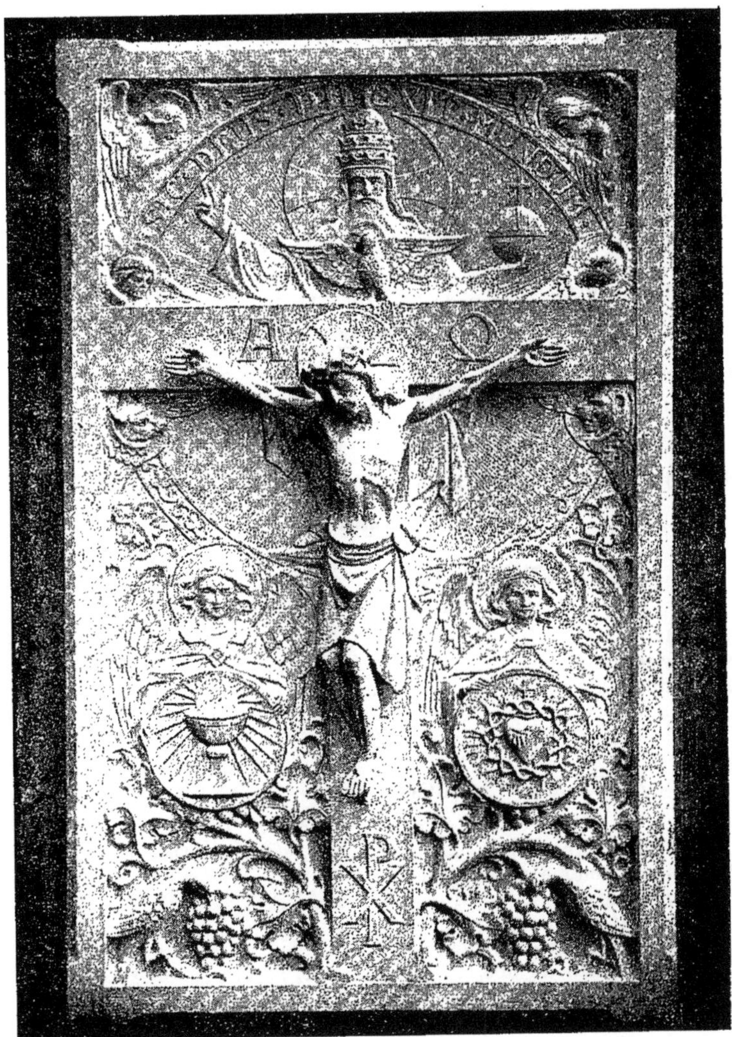

Le plus beau choix de Statuettes
Christs, Bénitiers, Médailles

— CHEZ —

Joseph VANPOULLE

— ART RELIGIEUX —

— 3, Rue des Chanoines, Cambrai —

GLEIZES Marie-Suzanne (Melle)

Professeur au Collège Fénelon à CAMBRAI (Nord)

344 Vers Nirtos (Haute-Garonne).. .. ..   Aquarelle.
345 Vitrail Montgereau (Haute-Garonne) .. ..   »
346 Pont sur la Nerte (Haute-Garonne).. .. ..   Peinture.
347 Flottes (Tarn) .. ..   Aquarelle.
348 Bourgnounac (Tarn) .. ..   »
349 Notre-Dame (vue du jardin Saint-Julien le
       Pauvre à Paris).. .. ..   »
350 Saint-Julien le Pauvre.. .. ..   »
351 Saint Séverin .. ..   »

GOGUET Maurice

33, Rue de Chateaudun, CAMBRAI
(Sociétaire des Artistes Français)

352 Le jardin de Cambrai sous la neige.. .. .. ..   Peinture.

GUTKNECHT Jean

64 ^bis, Route du Cateau à CAMBRAI

353 Tapis .. ..   Sujet d'art déco^ratif
354 Tapisserie .. ..   »
355 Dessins .. ..   Dessins.

HARLAY Jacques

43, Rue Alphonse-Penaud, PARIS (20e).

356 Buste de jeune fille.. .. ..   Dessin.
357 Torse de femme accroupie.. .. ..   »
358 Croquis divers .. ..   »
359 Femme assise lisant.. .. ..   »
360 Femme accroupie de dos. .. ..   »
361 Femme assise de dos. .. ..   »
362 Femme assise de dos. .. ..   »
363 Torse d'homme pour une piéta. .. ..   »
364 Etude, Homme portant un cadavre.. .. ..   »
365 Jardin aux palmes .. ..   Aquarelles.
366 Jardin aux palmes .. ..   »
367 Jardin aux palmes .. ..   »
368 Pergola .. ..   »
369 Paysage aux quatre arbres.. .. ..   Sépia.
370 Nature morte .. ..   Peinture.
371 Nature morte .. ..   »
372 Lisière de Forêt.. .. ..   »

373 Baigneuse . . . .   Peinture.
374 Les Canéphores .. . .   »
375 Saint Sébastien . . . .   »
376 L'Automne .. . .   »
377 Affiche Foire de Paris.. . . . .
378 Affiche Paramount théâtre I.. . .. .
379 Affiche Paramount théâtre II.. . .. .
380 Affiche Amis des Arts (quatre couleurs,
      appartient à M. E. Gaillard). . . . .
381 Affiche Amis des Arts I . . . .
382 Affiche Amis des Arts II.. . . . .

HECQUET Georges

32, Rue des Anglaises, CAMBRAI

383 Beffroi Saint-Martin . . . .   Ebénisterie.

HERSCHER Ernest

55, Rue Rennequin, PARIS (17ᵉ).

384 Arche du Pont Neuf. . . . .   Eau Forte.
385 Théâtre des Champs Elysées .. . .   »
386 Notre-Dame vue de la Tour de Dagobert
      « 1925 ». . . . .   »
387 Huit lithographies pour ouvrage en pré-
      paration . . . .   Lithographie.
388 Intérieur .. . .   Dessin-Aquarelle.
389 Nature morte . . . .   »

HOUILLON Andrée (Mᵉˡˡᵉ)

Rue de Caudry à CAMBRAI (Nord)

390 Coussin peint . . . .

LAFERRIERE René

Né à Cambrai
14, Rue de Malzéville, NANCY
(Elève de ROLL et PUVIS DE CHAVANNES)

391 Le pont des flamands à Bruges. . . . .   Peinture.
392 Les laveuses à Obernai.. . . . .   »
393 Une rue d'Alsace. . . . .   »
394 La console et la glace (lumière d'hiver) . ..   »
395 Coin de vitrine : le coffret de paille.. . . . ..   »
396 La coiffeuse empire (lumière de printemps).   »

LANGELIN François
Rue Achille-Durieux, CAMBRAI

397 Un lustre appartenant à M. Frizon (Hôtel
    Continental). .. ..   Fer forgé.
398 Un lustre « les pins ». .. ..   »
399 Deux lampes « jet d'eau ».. .. ..   »

LAVALLARD Yvonne
à ANNEUX (Nord)

400 Porte journaux « Les Ancolies ».. .. .. ..   Pyrogravure.
401 Porte journaux « Pierrots japonais ».. .. ..   »
402 Coupe de fruits.. .. ..   Lust^{re} cuiv^{re} rep^{sse}.
403 Bordure florale .. ..   Cadre au tarso.

LEBOYER Elisabeth (Mme)
13, Rue de l'Epée à CAMBRAI

404 Soleil et gel, maison flamande, Cambrai ..   Peinture.
405 Rue des Ecoles, Cambrai .. ..   »
406 La Place d'Armes en Sept. 1921, Cambrai..   »
407 Fin de jour : Place d'Armes en 1923,
    Cambrai .. ..   »
408 Reflet de soleil sur le Beffroi, Cambrai .. ..   »
409 Porte de Prémy, Cambrai.. .. ..   »

LECOURT Léon-Victor
23, Rue Henri-Martin à VANVES (Seine).
(Médaille d'Or, Exposition Internationale des Arts
et Industries du Feu, PARIS 1906).

410 Vitrail moderne, église de Flesquières.. ..
    (Archit. M. Leprince-Ringuet, à Cambrai).
411 Vitrail moderne, église de Fontaine-Notre-
    Dame. (Architecte M. Gaillard E., à
    Cambrai) .. ..

LEINEKUGEL LE COCQ Arthur
29, Boulevard Van Iseghem, OSTENDE (Belgique).

412 Le Berger et son troupeau.. .. ..   Aquarelle.
413 A la batteuse .. ..   »
414 En route pour le marché .. ..   »
415 Retour des champs.. .. ..   »
416 Les sarcleuses. .. ..   »
417 Les glaneuses .. ..   »
418 Le pont sur la rivière (Normandie).. .. ..   »
419 L'heure de la messe (Bretagne).. .. .. ..   »

LEMAIRE-LEROY Gabrielle
9, Rue des Récollets à VALENCIENNES

420 Pois de senteur.. .. .. Aquarelle.
421 Valenciennes. .. .. »
422 Valenciennes. .. .. »
423 Beauregard (Seine-et-Marne).. .. .. »
424 Sortie du Parc. .. .. »

LEPRINCE-RINGUET Pierre
14, Rue Sadi-Carnot à CAMBRAI
(Médaillé des Artistes Français)

425 Château de Castelnaud (Dordogne).. .. .. .. Aquarelle.
426 La Rochelle .. .. »
427 Beynac (Dordogne) .. .. »
428 Vieille vue à Beynac. .. .. »
429 Paris, La Concorde.. .. .. »
430 Moret, Le Loing.. .. .. »
431 Les Moulins à Moret. .. .. »
432 Grand Trianon à Versailles. .. .. »

MARONIEZ Georges
9, Rue d'Aguessau, PARIS
(Hors Concours Salon Artistes Français)
Chevalier de la Légion d'honneur

433 Belle soirée calme .. .. Peinture.
434 Nuit de pleine lune sur la Côte .. .. »
435 Le soir, sur les rochers.. .. .. »

MINOT Henri & Cᵒ
15, Rue du Grand-Séminaire, CAMBRAI

436 Fauteuil moderne. .. .. Ebénisterie.
437 Fauteuil moriss articulé .. .. »
438 Fauteuil moriss, chaise longue à bascule .. »
439 Fauteuil moriss articulé formant chaise
    longue, garni à manchettes.. .. .. »

PREVOT Paul-Pierre
2, Rue du Coteau à CHAVILLE
(Médaille et Prix du Salon des Artistes Français)

441 La bonne aventure O Gué.. .. .. Peinture.
442 Le problème (tisserand) .. .. »
443 La porte de Bourgogne à Moret .. .. »

REYRE Valentine

7, Allée de la Fontaine, CERNAY-ERMONT (S.-et-O.).
Du Groupe des Artistes Catholiques l'*Arche*

444 **La Vierge et l'Enfant**	}	Cartons de fresques exécutées à l'église de Montmagny (S.-et-O.).
445 **Sainte Véronique**		
446 **Mystère joyeux**	Peinture.
447 **Portrait de jeune fille**	»
448 **Projet de décoration pour le sanctuaire de l'église de Fontaine-Notre-Dame**	Aquarelle.
449 **Une station de Chemin de la Croix** (Eglise de Fontaine-Notre-Dame)	Carton de fresque.

RICHON Berthe

Rue d'Hordain à IWUY (Nord)

450 **Les citrons**	Aquarelle.
451 **Roses**	»
452 **Chaudron et pommes**	»

ROGIE Léon

37, Rue des Rôtisseurs, CAMBRAI

453 1o **Une salle à manger moderne, art décoratif en acajou flammé**

454 2o **Un Studio moderne comprenant un mobilier de studio, ronce de noyer, sièges en amaranthe massif et or fin, soierie éditée par la Société des Tissus et Tapis. Divan acajou et courbaril recouvert de velours laine Mohair. Table et meuble d'appui en ébène de Macassar et incrustations**

455 3o **Chambre à coucher moderne, art décoratif en amaranthe, incrustations ivoire**

SCOTTI Rodolfo

8, Rue Fénelon, CAMBRAI

456 **La Cène des Apôtres** (de Kaspar Heibner)	Peinture d'après phot⁰.
457 **Le clocher Saint-Géry avec son manteau blanc**	Peinture.
458 **Rayons d'été**	»
459 **Petits Hollandais**	»

SIROT Henri ✪ O. I.

15, Rue Victor-Hugo, DOUAI

(1er Second Grand Prix de Rome)

(Médalile d'Or 2e Classe Salon Artistes Français)

460	Piana : Le Campanile	Aquarelle.
461	Une maison Corse à Piana..	»
462	Le Golfe d'Ajaccio..	»
463	L'Eglise et les Calanches de Piana	»
464	Une ancienne rue à Bastia..	»
465	Le Campanile, le Château et le port de Collioure	»
467	Bastia : Le quai de la Marine..	»
468	Vieux quartier à Collioure..	»
469	La passerelle et le Faubourg-Collioure	»
470	Sur le haut Miradou	»
471	Le faubourg de Collioure	»
472	Barques et voiliers	»
473	Sous les arbres du vieux port..	»
474	Bateaux au repos	»
475	Radoub de bâteaux..	»
476	La Seine à Argenteuil (neige)	»
477	Maison au Béguinage de Bruges	»
478	La rue aux Laines à Bruges	»
479	Place de la Vigne à Bruges	»
480	Vert-Galant à Paris..	»
481	Route à Elancourt	»

SIROT-DUTHOIT Emma (Mme) ✪ A

15, Rue Victor-Hugo à DOUAI

Professeur à l'Ecole des Beaux Arts de Douai

(Exposante au Salon des Artistes Français)

482	La rue du Miradou à Collioure	Peinture.
483	Petites barques au Port Collioure	»
484	Dans un Godhuis à Bruges..	»
485	Le Dyver à l'Automne, Bruges.	»
486	L'entrée d'un vieil hôtel à Bruges	»
487	Vieilles maisons à Boulogne	»
488	L'église Saint-Pierre à Douai..	Peinture.
489	La Place Carnot à Douai	»
490	L'Hospice et le Square Jemmapes à Douai..	»
491	Le Square Notre-Dame et le Beffroi à Douai	»
492	Un coin de place à Douai	»
493	L'entrée du vieil Hospice..	»
494	Jeune fille reprisant	»
495	Jeune fille cousant	»

496 Fleurs (roses) . . . .   Peinture.
497 Fleurs (pois de senteur) . . . .   »
497 bis Fleurs roses . . . .   »
498 Etudes diverses . . . .   »
499 Equihen, La Courtine . . . .   »

TELLIER Raymond

24, Rue du Canteleu à DOUAI

(Médaille d'Argent au Salon des Artistes Français,
Lauréat de l'Institut).

500 Portrait religieuse . . . .   Peinture.
501 Vieille au livre de messe . . . .   »
502 Portrait de l'artiste. . . . .   »
503 L'enfant malade (Prix Roux de l'Institut)   »
504 Paysage, Cambrai . . . .   »
505 Paysage, Douai . . . .   »
506 Beethoven . . . .   »
507 Doullens . . . .   »
508 Clamart matin. . . . .   »
508 bis Clamart après-midi. . . . .   »

TUROTTE Henri

Professeur au Collège et aux Ecoles Académiques de Cambrai
22, Rue Achille Durieux à CAMBRAI

509 Lisieux, rue de la Paix. . . . .   Aquarelle.
510 La pointe du Raz. . . . .   Peinture.
511 Sur la jetée, Tréport. . . . .   »
512 Pardon de Sainte-Anne, La Palue . . . . . .   »
513 Sur la plage . . . .   »
514 Matin gris, Douarnenez . . . .   »
515 La rue Monte-au-Ciel, Douarnenez . . . . . .   »
516 Eglise Sainte-Hélène. . . . .   »
517 Les Plomarcks (route du Ris) . . . .   »
518 Chaumière bretonne (Baie de Douarnenez). .   »
519 Bretonnes en prière. . . . .   »
520 Chaumière bretonne, pochade. . . . .   »
521 Portrait . . . .   »
522 Baie de Douarnenez. . . . .   »
523 La lecture. . . . .   »
524 Nature morte . . . .   »
525 Sous bois . . . .   »

TUROTTE Henriette

22, Rue Achille Durieux, CAMBRAI

526 Les Hortensias .. ..   Peinture.
527 Les Delphiniums.. .. ..   »
528 Les Soleils. .. ..   »
529 Les Renoncules .. ..   »
530 Le déjeuner .. ..   »
531 Nature morte .. ..   »
532 Soucis .. ..   »
533 Pochade, Douarnenez. .. ..   »
534 Pochade, Douarnenez. .. ..   »
535 Pochade, Douarnenez. .. ..   »
536 Primevères .. ..   Aquarelle.
537 Anémones .. ..   »
538 Zinnias .. ..   »
539 Œillets .. ..   »
540 Anémones et mimosas .. ..   »
541 Soucis .. ..   »
542 Un coussin applications. .. ..   Sujet d'art décoratif
543 Un gilet velours décoloré .. ..   »
544 Un sac à main, cuir.. .. ..   »
545 Un dessus de coussin, cuir.. .. ..   »

VANPOULE Joseph

3, Rue des Chanoines, CAMBRAI

546 Bas-relief, Sainte-Trinité .. ..   Sculpture.
547 Un chemin de croix.. .. ..   Peinture sur Bois.
548 Chasuble, Sainte-Trinité. .. ..   Broderie.

VERDIERE Jean

10 bis, Rue de l'Atlas, PARIS (19e)

549 Bièvres : Panorama.. .. ..   Peinture.
550 Clocher Saint-Géry 1920. .. ..   »
551 Géranium .. ..   Gouache.

WIART Marguerite (Melle)

18, Boulevard de la Liberté, CAMBRAI

552 Tour d'Abancourt .. ..   Aquarelle.
553 Porte de Berlaimont. .. ..   »
554 Tour des Arquets. .. ..   »

555 Porte de l'ancienne Abbaye de Prémy .. ..   Aquarelle.
556 Hôpital militaire . . . .   »
557 Bastion de Selles . . . .   »
558 Bord du vieil Escaut . . . .   »
559 Rue de la Poudrière. . . . .   »
560 Clocher de l'Hôpital Saint-Julien.. .. ..   »
561 Mur et jardin de l'ancien Archevéché .. ..   »

DEVIGNES Geneviève (Melle)

206, Boulevard Raspail à PARIS
(Sociétaire des Artistes Français)

562 Porche à Houlgate .. ..   Aquarelle.
563 Tour Phébus à Pau.. .. ..   »
564 Porte de la vieille enceinte à Pau. .. .. ..   »
565 La Mosquée bleue Oran. .. ..   »
566 Quartier du Hédas à Pau .. ..   Croquis.

DUPAS-HAMOIR Marguerite (Mme)

Aux Glacis, Rue Milhomme, VALENCIENNES

567 Fleurs. . . . .   Aquarelle.

TRIPIER Nicole (Melle)

A Cère (Indre-et-Loire)

568 Intérieur du Musée de Valenciennes.. .. ..   Aquarelle.
569 Intérieur du Musée de Valenciennes.. .. ..   »

COLOMES Hélène (Melle)

49, Boulevard Diderot à PARIS (12e).

571 Semur en Auxois . . . .
572 Calvaire en Côte-d'Or .. ..
573 Vieille porte à Semur .. ..
574 Porte d'orient à Vence.. .. ..
575 Rue sur la Braine et le Pont Romain.. .. ..

F. de PAEMELAERE et G. C. CRES
CAMBRAI et PARIS

ÉDITIONS D'ART

La Joie des Enfants : Barnavaux, illustré par Malo Renault.
    »   Pierre Pons, illustré par M\ⁱⁱᵉ Daujat.
    »   Contes de la Forêt Vierge, illustrés par P. Reboussin.
    »   Popotame, illustré par l'auteur, L. Chauveau.
Beaux livres du Foyer : Rêve franciscain, illustré par Angélina Beloff.
Miroir des Mœurs : Contes du Chat Noir, illustrés par J. Hémard.
    »   Confidences d'une aïeule, Bois de Siméon.

AFFICHES DESSINEES POUR L'EXPOSITION

576 de Régina Carré.. .. ..
577 de Maurice Dutoit .. ..
578 de Jacques Harlay .. ..
579 de Jacques Harlay .. ..

ACHEVÉ D'IMPRIMÉ
PAR MM. HENRY MALLEZ & CIE
— A CAMBRAI —
LE VENDREDI TREIZE JANVIER
MIL NEUF CENT VINGT-HUIT

F. F. F. A.

Athlétic-Club-Cambresien

STADE VILLARS

GRANDS MATCHES

DE FOOT-BALL ASSOCIATION

22 JANVIER, à 2 heures 15

A. C. C. I A

contre

Olympique Sporting Club Halluin I A

(Championnat du Nord)

5 FÉVRIER, à 2 heures 15

A. C. C. I A

contre

Sporting Club Fives I A

Match Amical

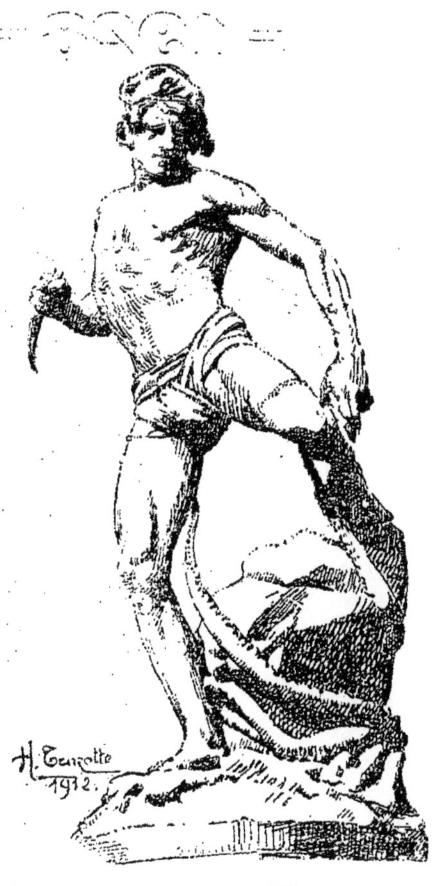

ACHEVÉ D'IMPRIMÉ
PAR MM. HENRY MALLEZ & CIE
—— A CAMBRAI ——
LE VENDREDI TREIZE JANVIER
MIL NEUF CENT VINGT-HUIT